CONTENTS

목차

1과 첫 사람 아담과의 약속(아담과 약속) • 04

2과 노아와 무지개(노아와 약속) • 08

3과 땅을 약속받은 아브라함(아브람과 약속) • 12

4과 자손을 약속받은 아브라함(아브라함과 약속) • 16

5과 너의 하나님이 되리라!(할례와 약속) • 20

6과 꿈속에서 약속을 받은 야곱(야곱과 약속) • 24

7과 시내산에서 약속하신 하나님(모세와 약속) • 28

8과 영원한 왕권을 약속받은 다윗(다윗과 약속) • 32

9과 위대한 약속(마리아와 약속) • 36

10과 사람을 낚는 어부가 되리라!(제자들과의 약속) • 40

11과 영원한 생명을 약속하신 예수님(사마리아 여인과 약속) • 44

12과 부활을 약속하신 예수님(부활과 약속) • 48

13과 성령을 보내시겠다는 약속(성령과 약속) • 52

갓스토리 구성

• **학생용 공과**

낮은 수준부터 6컷의 만화와 높은 수준까지의 질문과 활동이 담겨져 있는 공과책.

• **교사용 가이드**

학생용 공과의 질문에 대한 답변과 시대적 배경 설명, 활동자료 사용법에 대해 설명. (한장연몰 다운로드)

• **색칠하기**

각 과의 인물을 출력하며 색칠 할수 있도록 만든 컨텐츠. (한장연몰 다운로드)

• **스토리북**

13가지의 이야기를 담아낸 그림책으로 기초적인 질문을 통해 학습.

• **플래시애니메이션**

13과의 만화를 실감나는 영상으로 감상.
(한장연몰 다운로드)

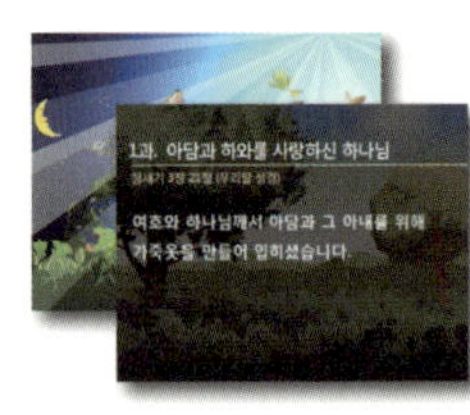

• **설교 PPT**

도입, 스토리, 퀴즈, 적용으로 구성되어 체계적으로 설교를 이끌어 냄.
(한장연몰 다운로드)

갓스토리 사용하기

영 • 유아
(3세~5세)

① 색칠하기

유치 • 유년
(5세~7세)

① 플래시애니메이션

② 설교PPT

③ 스토리북

초등
(7세~13세)

① 플래시애니메이션

② 설교PPT

③ 학생용 공과

* 가능한 수준까지 문제풀기

갓스토리 활용가이드

• 본문말씀 / 6컷 만화

성경 이야기를 올바르게 이해하기 위해 성경을 찾아 천천히 읽습니다. 공과의 내용을 뚜렷하게 알려주는 중심구절도 반복해서 읽고 묵상하도록 합니다. 본문 말씀의 핵심이 되는 6컷 만화는 역할을 맡아 읽거나 플래시 애니메이션을 보면 더욱 재미있게 읽을 수 있습니다. 만화 속에서는 말씀 다지기의 답(빨간 글씨)도 찾을 수 있도록 표시되어 있습니다.

• 말씀배우기

읽고 쓰기가 어려운 학생들을 위한 질문입니다. 스티커 붙이기, 알맞은 것에 O표, 틀린 것에 X표 하기, 맞는것 찾아 연결하기, 따라쓰기의 질문으로 구성되어 있어 성경말씀에 쉽게 접근할 수 있습니다. 질문은 수준별로 나뉘어 있어 학생 수준에 따라 학생이 풀 수 있는 질문까지 풀도록 합니다.

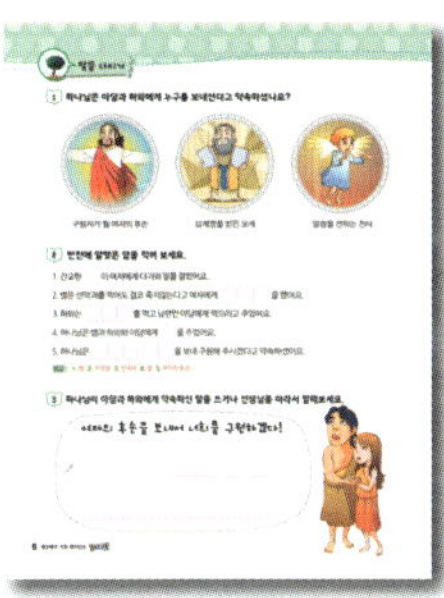

• 말씀다지기

읽고 쓰기가 가능한 학생들을 위한 질문입니다. 질문을 읽고 알맞은 답에 O표 하기, 빈칸에 답적기, 장문쓰기로 구성되어 있어 심화된 수준으로 성경말씀에 접근할 수 있습니다. 질문은 수준별로 나뉘어 있어 학생 수준에 따라 풀 수 있는 질문까지 풀도록 하되, 학생의 특성과 능력에 따라 정답을 보고 따라 적거나 말하는 방법으로 풀이방법을 대체하여 학생이 더욱 적극적으로 참여하도록 합니다.

• 활동하기 / 특별활동

미로찾기, 색칠하기, 오리고 붙이고 만들기 등 다양한 활동들로 핵심 내용을 학습하도록 구성하였으며, 학생들의 수준에 따라 활동의 난이도를 교사가 조절하여 학습능력을 최대로 이끌어 줄 수 있도록 구성하였습니다. 또한 4과, 9과, 13과에는 특별활동으로 해당 과의 중심된 내용으로 구성하여 학생들이 핵심 단어나 내용을 마음으로 이해할 수 있도록 오감을 자극하는 만들기로 구성하였습니다

• 말씀따르기 / 기도하기

학습한 내용을 일상생활에 적용하도록 학생과 약속하는 시간입니다. 말씀 따르기가 예배시간 외의 시간과 장소에서도 이루어질 수 있도록 함께 다짐하고 점검하도록 합니다. 그리고 생활에 적용을 위해 그 날에 배운 공과를 기억하고 하나님 말씀대로 살 수 있도록 기도문을 함께 읽고 기도하며 공과를 마칩니다. 마무리와 함께 학생을 향한 교사의 격려와 응원을 덧붙인다면 최고의 공과가 될 것입니다.

1과 첫 사람 아담과의 약속

소 주 제 : 아담과 약속
본문말씀 : 창세기 3장15절(전체말씀 : 창세기 3장 1절~24절)
중심구절 : 내가 너와 여자 사이에, 네 자손과 여자의 자손 사이에 증오심을 두리니 여자의 자손이 네 머리를 상하게 하고 너는 그의 발뒤꿈치를 상하게 할 것이다.

단어 풀이 **후손** 자신의 여러 대가 지난 뒤에 태어난 자녀를 통틀어 이르는 말

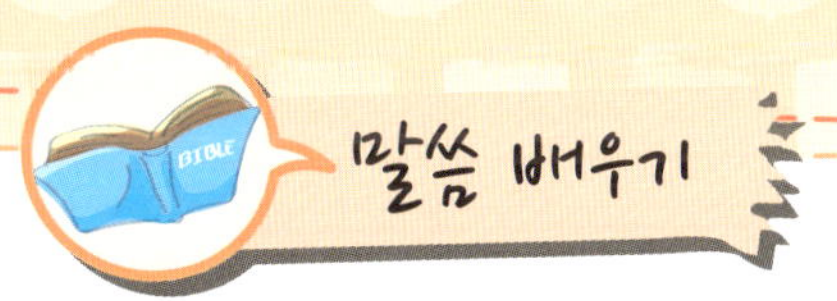

1 선악과를 먹는 아담과 하와를 스티커로 붙여보세요.

2 알맞은 것에 O표, 알맞지 않은 것에 X표를 해보세요.

1 하나님은 아담과 하와에게 누구를 보내신다고 약속하셨나요?

구원자가 될 여자의 후손

십계명을 받은 모세

말씀을 전하는 천사

2 빈칸에 알맞은 답을 적어 보세요.

1. 간교한 [ ]이 여자에게 다가와 말을 걸었어요.
2. 뱀은 선악과를 먹어도 결코 죽지 않는다고 여자에게 [ ][ ][ ]을 했어요.
3. 하와는 [ ][ ][ ]를 먹고 남편인 아담에게 먹으라고 주었어요.
4. 하나님은 뱀과 하와와 아담에게 [ ]을 주었어요.
5. 하나님은 [ ][ ][ ] [ ][ ]을 보내 구원해 주시겠다고 약속하셨어요.

정답 1. 뱀 2. 거짓말 3. 선악과 4. 벌 5. 여자의 후손

3 하나님이 아담과 하와에게 약속하신 말을 쓰거나 선생님을 따라서 말해보세요.

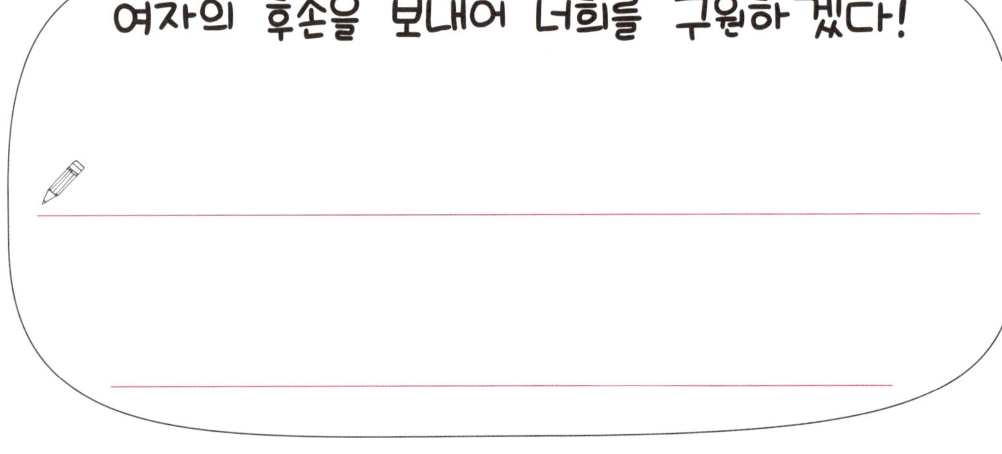

활동하기

1 죄를 짓고 후회하는 아담과 하와를 색칠해보세요.

말씀 따르기

1. 내가 하나님과의 약속을 지키지 못하는 것이 무엇인지 한 가지 말해보세요.
2. "예수님을 통해서 구원 받았어요."라고 고백해보세요.

기도하기

죄를 지은 아담과 하와에게 예수님을 보내주신다고 약속하신 하나님, 저에게 약속대로 예수님을 보내주시고 구원의 길을 열어주심을 감사합니다. 예수님의 이름으로 기도합니다. 아멘.

2과 노아와 무지개

소 주 제 : 노아와 약속
본문말씀 : 창세기 9장 13절(전체말씀 : 창세기 6장 5절~9장 17절)
중심구절 : 내가 구름 속에 내 무지개를 두었으니 그것이 나와 땅 사이에 세우는 언약의 표시가 될 것이다.

단어 풀이 증거 어떤 사실을 확실하게 밝히게 하기위해 드는 근거

1 하나님이 보여주신 약속의 무지개와 감사드리는 노아를 스티커로 붙여보세요.

2 하나님이 노아에게 다시는 물로 벌하지 않겠다는 약속으로 무엇을 보여주셨나요?

1 **홍수가 났을 때 방주에 타지 않은 사람들은 어떻게 되었나요?**

물에 빠져 죽었어요.

물놀이를 했어요.

배를 탔어요.

2 **빈칸에 알맞은 답을 적어 보세요.**

1. 악한 일만 하는 사람들 때문에 세상이 ☐☐ 으로 가득하게 되었어요.
2. 노아는 하나님 말씀대로 방주를 만들었고 ☐☐☐ 과 각종 ☐☐☐ 과 함께 방주에 탔어요.
3. 홍수가 나고 40일간 비가 계속 내려 사람들과 생물들이 모두 ☐☐☐☐.
4. 노아와 가족들은 방주에서 내려와 하나님께 ☐☐☐☐ 를 드렸어요.
5. 하나님은 다시는 물로 세상을 멸하지 않겠다는 ☐☐ 으로 무지개를 보여주셨어요.

정답 1. 죄악 2. 가족들, 동물들 3. 죽었어요 4. 감사예배 5. 약속

3 **하나님이 무지개를 보여주시면서 하신 약속을 따라 쓰거나 선생님을 따라서 말해보세요.**

다시는 물로 벌하지 않겠다!

1 하나님의 약속인 무지개를 색종이를 찢어 붙여서 꾸며주세요.

빨강색

주황색

노랑색

초록색

파랑색

남색

보라색

1. 하늘의 무지개를 볼 때 어떤 생각을 하게 되나요?
2. 나는 무엇을 볼 때마다 하나님의 사랑을 느끼게 되는지 나누어 보세요.

노아를 구원하시고 약속을 주신 하나님, 저도 항상 하나님이 구원해 주신 것을 기억하고 하나님께 감사하며 살겠습니다. 예수님의 이름으로 기도합니다. 아멘.

3과 땅을 약속받은 아브라함

소 주 제 : 아브라함과 약속
본문말씀 : 창세기 12장 7절(전체말씀 : 창세기 12장 1절~9절, 13장 15절)
중심구절 : 여호와께서 아브람에게 나타나 말씀하셨습니다. "내가 네 자손에게 이 땅을 주겠다." 아브람은 여호와께서 자신에게 나타나신 그 곳에 제단을 쌓았습니다.

단어 풀이 자손 자식과 손자

1 약속의 땅과 예배드리는 아브람을 스티커로 붙여주세요.

2 약속의 땅으로 이사한 아브람이 한 일은 무엇인지 찾아 연결해보세요.

아브람

하나님께 예배를 드렸어요.

우물을 만들었어요.

1 **새로운 땅으로 떠나라는 하나님의 말씀을 듣고 아브람은 어떻게 했나요?**

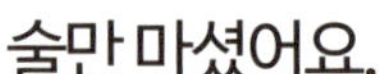
술만 마셨어요.

두려워서 울었어요.

말씀 따라 떠났어요.

2 **빈칸에 알맞은 답을 적어 보세요.**

1. 갈대아 우르에서 ☐☐☐이 살고 있었어요.
2. 하나님은 아브람을 찾아오셔서 ☐☐☐ ☐으로 떠나라고 하셨어요.
3. 아브람은 가족들과 하나님이 가르쳐주신 땅으로 ☐☐했어요.
4. 하나님은 아브람에게 나타나 ☐☐을 주겠다고 약속하셨어요.
5. 아브람은 하나님께서 ☐☐☐☐ ☐에서 살면서 하나님께 예배를 드렸어요.

정답 1. 아브람 2. 새로운 땅 3. 이사 4. 자식 5. 약속하신 땅

3 **약속의 땅에 도착한 아브람이 한 말을 쓰거나 선생님을 따라서 말해보세요.**

1 아브람이 하나님이 가르쳐주신 약속의 땅으로 가는 길을 찾아 함께 떠나 보세요.

말씀 따르기

1. 하나님을 따르기 위해서 내가 버려야 할 것들은 무엇인지 말해보세요.
2. "하나님의 약속을 믿고 순종하겠습니다."라고 소리내어 고백해보세요.

기도하기

예수님을 통해서 저를 새 사람으로 살게 해 주신 하나님, 저도 날마다 하나님의 말씀을 따라서 순종하며 살겠습니다. 예수님의 이름으로 기도합니다. 아멘.

4과 자손을 약속받은 아브라함

소 주 제 : 아브라함과 약속

본문말씀 : 창세기 12장 2절(전체말씀 : 창세기 12장 1절~10절, 15장 5절)

중심구절 : 내가 너를 큰 민족으로 만들고 네게 복을 주어 네 이름을 크게 할 것이니 네가 복의 근원이 될 것이다.

단어 풀이 조상 이미 돌아가신, 부모님 위로 대대의 어른

<활동하기!> 하나님이 아브라함에게 주신 약속!

하나님께서 아브람에게 하늘의 별들만큼 자손을 주실 것이라고 약속하신 것을 생각하며 하늘의 별을 붙여서 표현해보세요.

점선을 따라 살짝 접은후 잡아당겨 뜯으세요.

······ 안으로 접는 선

ㅡ·ㅡ 바깥으로 접는 선

- - - - 자르는 선

1 하나님의 약속대로 아들을 낳은 아브라함과 사라를 스티커로 붙여주세요.

2 빈칸에 알맞은 답을 적어 보세요.

1. 하나님께서 아브람에게 큰 민족의 □□ 이 될 것이라고 말씀하셨어요.
2. 아브람과 사래는 □□ 이 없어서 슬펐어요.
3. 하나님이 아브람을 찾아와 □□ 을 주시겠다고 약속하셨어요.
4. 아브람은 자신의 자손이 많이 태어날 것이라고 한 하나님의 □□ 을 믿었어요.
5. 아브라함과 사라는 약속대로 □□ 을 낳았어요.

정답 1. 조상 2. 자식 3. 큰 상 4. 약속 5. 아들

말씀 따르기

1. 부모님이나 선생님이 나에게 약속을 하고 지키신 것은 무엇이 있나요?
2. "하나님이 나에게 약속하신 구원을 믿습니다."라고 소리내어 고백해보세요.

기도하기

아브라함에게 자손을 약속하신 하나님, 저도 예수님을 통해서 주신 구원의 약속을 믿고 기뻐하는 사람이 되겠습니다. 예수님의 이름으로 기도합니다. 아멘.

5과 너의 하나님이 되리라!

소 주 제 : 할례와 약속
본문말씀 : 창세기 17장 7절 (전체말씀 : 창세기 17장 1절~14절)
중심구절 : 내가 내 언약을 나와 너 사이에 그리고 네 뒤에 올 자손 사이에 세워 영원한 언약으로 삼고 네 하나님 그리고 네 자손의 하나님이 될 것이다.

단어 풀이 **할례** 유대인들이 자기 민족이 다른 민족과 구분되게 하기 위해서 생후 8일된 사내 아이의 성기의 표피 일부를 잘라내는 의식

1 하나님과 약속의 표시로 할례를 받고 기뻐하는 아브라함과 사람들을 스티커로 붙여주세요.

2 하나님이 아브라함에게 뭐라고 말씀하셨는지 따라 써보세요.

나는 너와 너의 자손들의
하 나 님 이 될 것을
약 속 한다!

1 **하나님과의 약속을 기억하기 위해서 아브라함이 사람들과 한 것은 무엇인가요?**

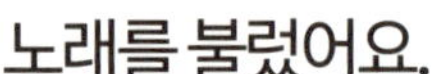

노래를 불렀어요.

계약서를 썼어요.

할례를 했어요.

2 **빈칸에 알맞은 답을 적어 보세요.**

1. 아브라함이 ☐☐ 세에 하나님이 찾아와 말씀하셨어요.
2. 하나님은 아브람이 민족의 ☐☐이 될 것이라고 약속하셨어요.
3. 하나님은 아브라함과 그 자손의 ☐☐☐이 되실 것이라고 약속하셨어요.
4. 아브라함은 하나님과의 ☐☐☐ ☐☐로 모든 남자들에게 할례를 했어요.
5. 아브라함과 그와 함께하는 남자들은 하나님의 약속의 표시로 모두 ☐☐를 받았어요.

정답 1. 99 2. 조상 3. 하나님 4. 약속의 표시 5. 할례

3 **하나님이 아브라함과 우리에게 하신 말씀을 따라 쓰거나 소리내어 읽어보세요.**

나는 너의 하나님이 될 것을 약속한다.

1 하나님이 약속하시는 말씀을 듣는 이브라힘을 색칠해 주세요.

1. 나는 하나님과의 약속을 기억하기 위해서 무슨 일을 했나요?
2. 가슴에 손을 얹고 "나의 하나님 되심을 감사합니다."라고 소리내어 고백해보세요.

작고 부족한 저의 하나님이 되어주셔서 감사합니다. 제가 항상 하나님을 기억하고 감사하겠습니다. 예수님의 이름으로 기도합니다. 아멘.

6과 꿈속에서 약속을 받은 야곱

소 주 제 : 야곱과 약속
본문말씀 : 창세기 28장 15절(전체말씀 : 창세기 27장 41절~28장 22절)
중심구절 : 내가 너와 함께 있을 것이며 네가 어디로 가든지 너를 지켜 주겠다. 그리고 너를 이 땅으로 다시 데리고 오겠다. 내가 네게 약속한 것을 다 이룰 때까지 너를 떠나지 않겠다.

단어 풀이 사닥다리 어딘가에 기대거나 매달아서 높은 곳과 낮은 곳 사이를 디디면서 오르고 내릴 수 있도록 만든 도구, 사다리

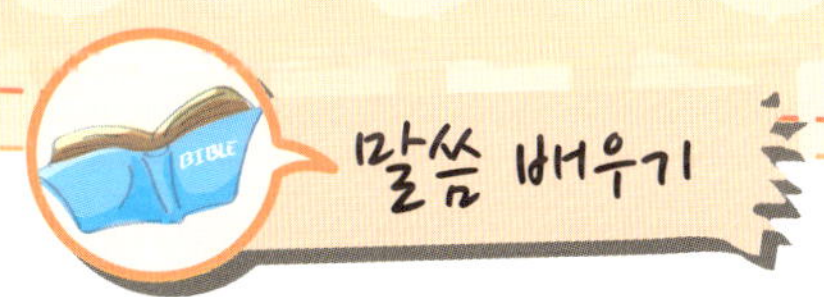

1 꿈에서 하나님을 만난 야곱을 스티커로 붙여보세요.

2 알맞은 것에 O표, 알맞지 않은 것에 X표를 해보세요.

1 하나님이 야곱에게 하신 약속을 찾아 O표 해보세요.

너와 항상 함께 하겠다.

너에게 좋은 집을 주겠다.

좋은 침대에서 자게 해주겠다.

2 빈칸에 알맞은 답을 적어 보세요.

1. 야곱은 아버지 이삭을 속여서 형의 ☐☐ 을 가로챘어요.
2. 야곱은 형이 무서워서 도망치다가 들판에서 ☐ 을 베고 잠이 들었어요.
3. 야곱은 꿈에서 ☐☐ 들이 사다리를 오르내리는 것을 보았어요.
4. 꿈속에서 하나님은 야곱과 항상 함께할 것을 ☐☐ 하셨어요.
5. 야곱은 베고 잤던 돌기둥을 세워서 기름 부으며 그곳을 ☐☐ 이라고 불렀어요.

정답 1. 축복 2. 돌 3. 천사 4. 약속 5. 벧엘

3 하나님이 야곱에게 주신 약속을 따라서 쓰거나 선생님과 함께 읽어보세요.

내가 너와 함께 하며 어디로 가든지 지켜 줄 것이다.

1 야곱이 세우고 예배드렸던 돌기둥을 색종이나 다른 종이를 구겨 붙여 생동감있게 꾸며보세요.

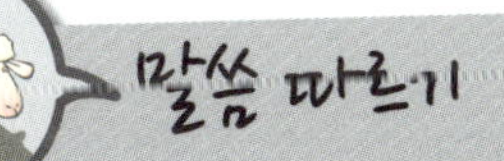

1. 내가 꿈에서 하나님을 만난다면 하나님은 나에게 뭐라고 말씀하실까요?
2. "하나님은 나와 함께 하십니다."를 세 번 소리내어 말해보세요.

사랑의 하나님, 하나님이 항상 저와 함께 하신다는 약속을 기억하고 매일 감사하는 사람이 되겠습니다. 예수님의 이름으로 기도합니다. 아멘.

7과 시내산에서 약속하신 하나님

소 주 제 : 모세와 약속
본문말씀 : 출애굽기 19장 5절~6절(전체말씀 : 출애굽기 19장 1절~25절, 20장 1절~20절))
중심구절 : 그러니 이제 너희가 내게 온전히 순종하고 내 언약을 지키면 너희는 모든 민족들 가운데 특별한 내 보물이 될 것이다. 온 땅이 다 내 것이지만 너희는 내게 제사장 나라 거룩한 민족이 될 것이다.' 너는 이 말을 이스라엘 백성들에게 전하여라.

단어 풀이 **광야** 끝이 없이 넓고 아무것도 없는 큰 벌판

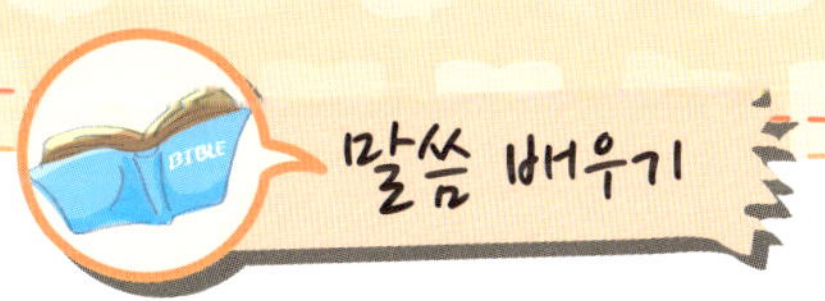

1 하나님께 말씀을 받는 모세와 그 약속의 말씀을 진하는 모세를 스티커로 붙여보세요.

2 하나님은 어떤 사람들의 하나님이 되시나요?

1 하나님이 모세에게 한 명령을 찾아 O표 해보세요.

돈을 많이 벌어라!

고기를 많이 먹어라!

내 말씀을 지켜라!

2 빈칸에 알맞은 답을 적어 보세요.

1. 이스라엘 백성들이 ☐☐에 도착해서 산 앞에 텐트를 쳤어요.
2. 하나님은 ☐☐☐에서 모세에게 하나님 말씀에 순종하라고 하셨어요.
3. 하나님은 모세에게 ☐☐을 잘 지키는 사람의 하나님이 되시겠다고 하셨어요.
4. 모세는 백성들에게 하나님의 약속의 말씀을 ☐☐☐☐☐☐.
5. 백성들은 모두 모세가 하나님께 받은 ☐☐☐☐ ☐☐을 듣고자 했어요.

정답 1. 광야 2. 시내산 3. 말씀 4. 전해주었어요 5. 하나님의 말씀

3 하나님의 말씀을 따르기를 결심하는 마음을 따라쓰거나 함께 읽어보세요.

하나님의 말씀을 잘 따르겠어요!

활동하기

1 모세가 받은 십계명 판의 글씨를 함께 따라 쓰고 꾸며주세요.

하나님 말씀에
순종하고
약속의 말씀을
잘 지켜라!

1계명. 나 외에 다른 신을 두지말라
2계명. 너를 위하여 우상을 만들지 말라
계명. 하나님의 이름을 함부로 부르지 말라
명. 안식일을 기억하며 거룩히 지키라
5계명. 네 부모를 공경하라
6계명. 살인하지 말라
7계명. 간음하지 말
8계명. 도둑질하
9계명.
0계명

말씀 따르기

1. 십계명을 선생님과 친구들과 함께 읽어 보세요.
2. 부모를 공경하라는 십계명 중 말씀을 매일 순종할 수 있도록 노력해보세요.

기도하기

저에게 말씀을 주신 하나님, 항상 하나님 말씀을 배우고 기억하고 말씀을 따라 사는 사람이 되겠습니다. 예수님의 이름으로 기도합니다. 아멘.

8과 영원한 왕권을 약속받은 다윗

소 주 제 : 다윗과 약속
본문말씀 : 사무엘하 7장 13절(전체말씀 : 사무엘하 7장 1절~17절)
중심구절 : 그가 내 이름을 위해 집을 세울 것이고 나는 그 나라의 보좌를 영원히 세워 줄 것이다.

단어 풀이 견고하다 모양이 쉽게 변하거나 부서지지 않을만큼 단단하고 튼튼하다

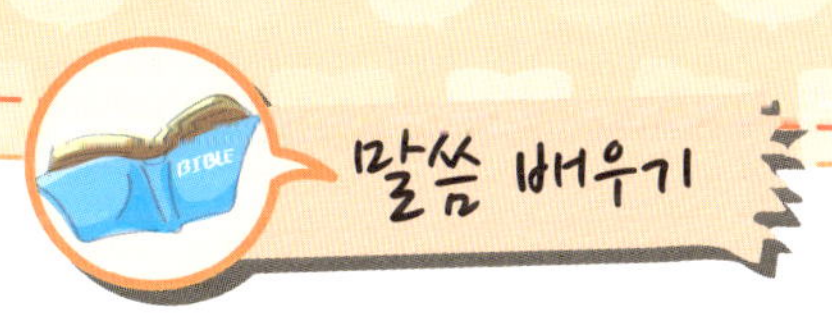

1 하나님의 성전과 예수님을 스티커로 붙여주세요.

2 하나님 나라를 영원히 세우기 위한 다윗의 후손은 누구인지 O표 해보세요.

1 하나님이 다윗에게 약속한 것이 무엇인지 찾아 O표 해보세요.

멋진 집　　하나님 나라　　보석

2 빈칸에 알맞은 답을 적어 보세요.

1. 하나님은 다윗을 ☐☐ 에서 안전하게 살게 하셨어요.
2. 다윗은 하나님의 ☐☐ 을 짓고 싶었어요.
3. 하나님은 선지자를 통해서 하나님의 성전은 다윗의 ☐☐ 이 짓게 될 것이라고 말씀하셨어요.
4. 하나님은 다윗의 후손을 통해서 다윗의 나라를 ☐☐☐ 세워주시겠다고 약속하셨어요.
5. 하나님은 약속하신대로 ☐☐☐ 을 통해서 하나님의 나라를 영원히 세우셨어요.

정답 1. 궁전 2. 성전 3. 자식 4. 영원히 5. 예수님

3 다윗이 하나님을 찬양하는 말을 따라 쓰거나 선생님과 함께 말해보세요.

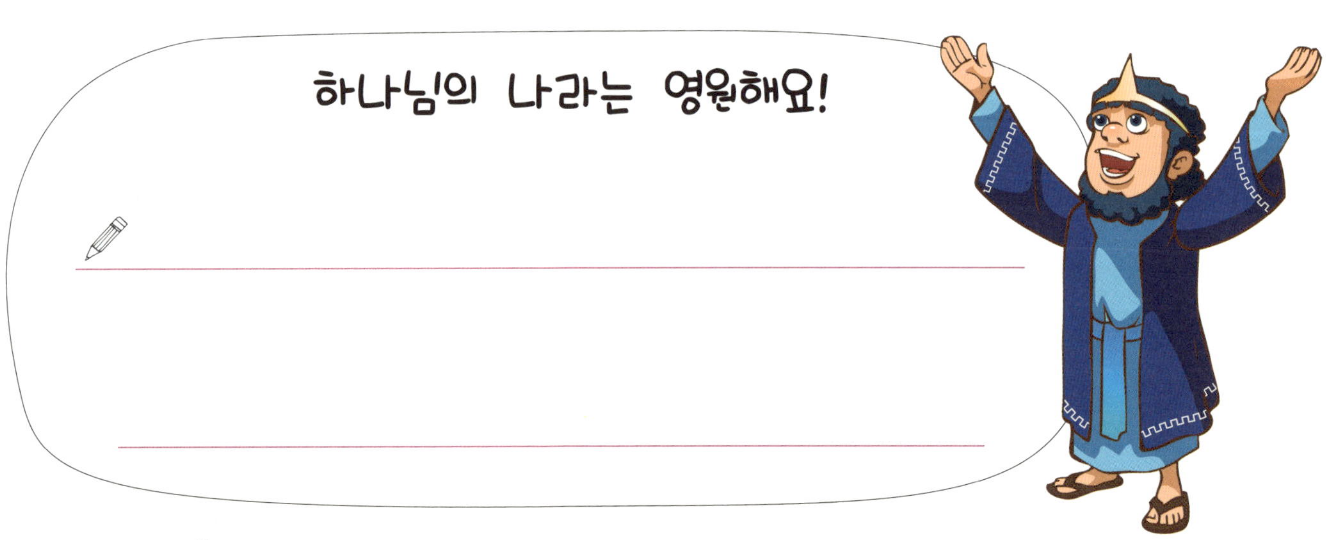

1 **예수님을 통해 영원히 세워진 하나님 나라를 꾸며보세요.**

말씀 따르기

1. 나는 지금 어떤 나라에 살고 있나요?
2. "하나님의 나라는 영원합니다."하고 옆 친구에게 크게 이야기해 주세요.

기도하기

예수님을 통해서 하나님의 나라를 영원히 세워주심을 감사합니다. 제가 예수님을 믿고 하나님 나라에 갈 수 있도록 해 주세요. 예수님의 이름으로 기도합니다. 아멘.

9과 위대한 약속

소 주 제 : 마리아와 약속
본문말씀 : 누가복음 1장 37절(전체말씀 : 누가복음 1장 5절~38절, 57장~58절, 2장 1절~7절)
중심구절 : 하나님께는 불가능한 일이 전혀 없다.

단어 풀이 전능하신 어떤 일이든 못하는 것이 없이 모두 능함. 원하는 것은 무엇이든지 할 수 있는 하나님의 적극적인 품성

점선을 따라 살짝 접은후 잡아당겨 주세요.

안으로 접는 선

바깥으로 접는 선

자르는 선

<활동하기!> 하나님의 약속대로 아들을 낳은 마리아

그림오리기

그림오리기

〈 만드는 과정 〉

1. 마리아와 아기 예수님을 그림의 모양대로 모두 오려주세요.
2. 아기 예수님을 마리아의 가슴에 붙여주세요.
   * 아기를 입체적으로 만들려면 종이를 그림 뒤에 접어 붙여주세요.
3. 오려놓은 마리아의 양쪽 팔을 아기를 안아 주는 모양으로 둥글게 말아 붙여주세요.

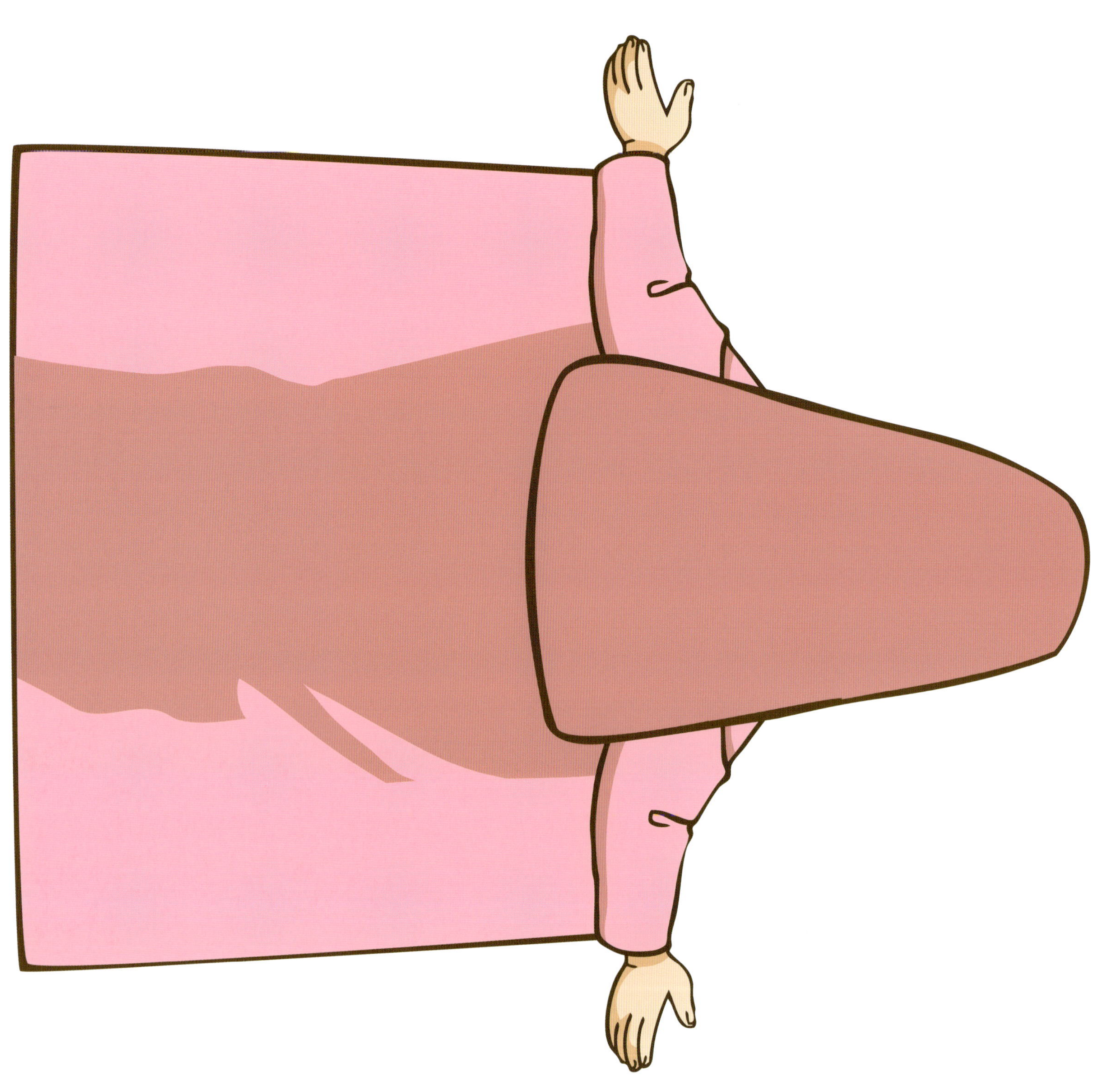

1 하나님의 약속대로 아기를 낳은 엘리사벳과 마리아를 스티커로 붙여보세요.

1 빈칸에 알맞은 답을 적어 보세요.

1. 천사가 사가랴에게 하나님께서 ☐☐를 주실 것이라고 말했어요.
2. 사가랴는 나이가 너무 많아 천사의 말을 ☐☐했어요.
3. 천사는 ☐☐☐에게도 아들을 낳게 될 것이라고 알려주었어요.
4. 엘리사벳은 나이가 많았지만 하나님의 ☐☐대로 아기를 낳았어요.
5. 하나님의 말씀에 순종한 마리아는 아기 ☐☐☐을 낳았어요.

정답 1. 아기 2. 의심 3. 마리아 4. 약속 5. 예수님

말씀 따르기

1. 하나님이 하실 수 없는 일들이 뭐가 있을지 생각해 보고 이야기 해 보세요.
2. “하나님은 무엇이든지 하실 수 있음을 믿습니다.”라는 믿음의 고백을 해 보세요.

기도하기

세상의 참 주인이신 하나님, 불가능이 없으시고 약속을 반드시 지키시는 하나님을 내가 믿고 의지합니다. 예수님의 이름으로 기도합니다. 아멘.

10과 사람을 낚는 어부가 되리라!

소 주 제 : 제자들과 약속
본문말씀 : 마가복음 1장 17절(전체말씀 : 마가복음 1장 16절~20절, 2장 13절~17절, 3장 14절~19절))
중심구절 : 예수께서 말씀하셨습니다. "나를 따르라. 내가 너희를 사람 낚는 어부가 되게 하겠다."

❶ 예수님은 시몬과 그의 형제 안드레를 보시고 그들을 '사람을 낚는 어부'가 되게 하겠다고 약속하셨어요.

❷ 예수님은 야고보와 요한도 사람 낚는 어부로 부르셨어요.

❸ 예수님이 부르신 12명의 사람들은 모두 예수님의 제자가 되었어요.

❹ 예수님은 약속하신대로 제자들을 사람 낚는 어부가 되게 하시려고 하나님의 말씀을 가르치셨어요.

❺ 이후에 제자들은 하나님의 말씀을 다른 사람들에게 전하는 사람을 낚는 어부가 되었어요.

❻ 예수님은 지금도 우리를 사람을 낚는 어부가 되게 하시려고 제자로 부르고 계세요.

단어 풀이 어부 고기 잡는 일을 직업으로 하는 사람 | 제자 예수의 가르침을 받아 그의 뒤를 따르는 사람

1 제자들을 부르시는 예수님과 고기를 잡는 제자들을 스티커로 붙여보세요.

2 예수님은 제자들과 우리를 무엇으로 부르셨나요?

사 람 낚 는 어 부

1 제자가 된 우리는 무엇으로 사람을 낚는 어부가 될 수 있는지 O표 해보세요.

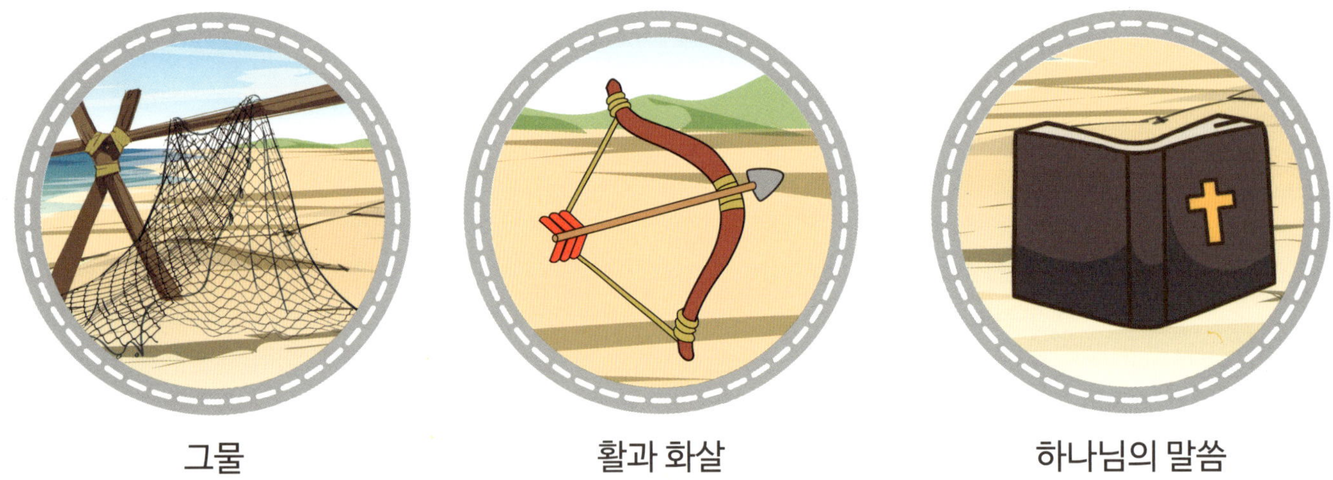

그물 활과 화살 하나님의 말씀

2 빈칸에 알맞은 답을 적어 보세요.

1. 예수님은 시몬과 안드레를 사람을 낚는 ☐☐ 로 부르셨어요.
2. ☐☐☐ 은 야고보와 요한도 사람을 낚는 어부로 부르셨어요.
3. 예수님이 부르신 12명의 사람들은 예수님의 ☐☐ 가 되었어요.
4. 제자들은 하나님의 ☐☐ 을 다른 사람에게 전하는 사람을 낚는 어부가 되었어요.
5. 예수님은 ☐☐ 를 사람을 낚는 어부가 되게 하려고 제자로 부르셨어요.

정답 1. 어부 2. 예수님 3. 제자 4. 말씀 5. 우리

3 예수님이 우리에게 하시는 말씀을 따라 쓰거나 말해보세요.

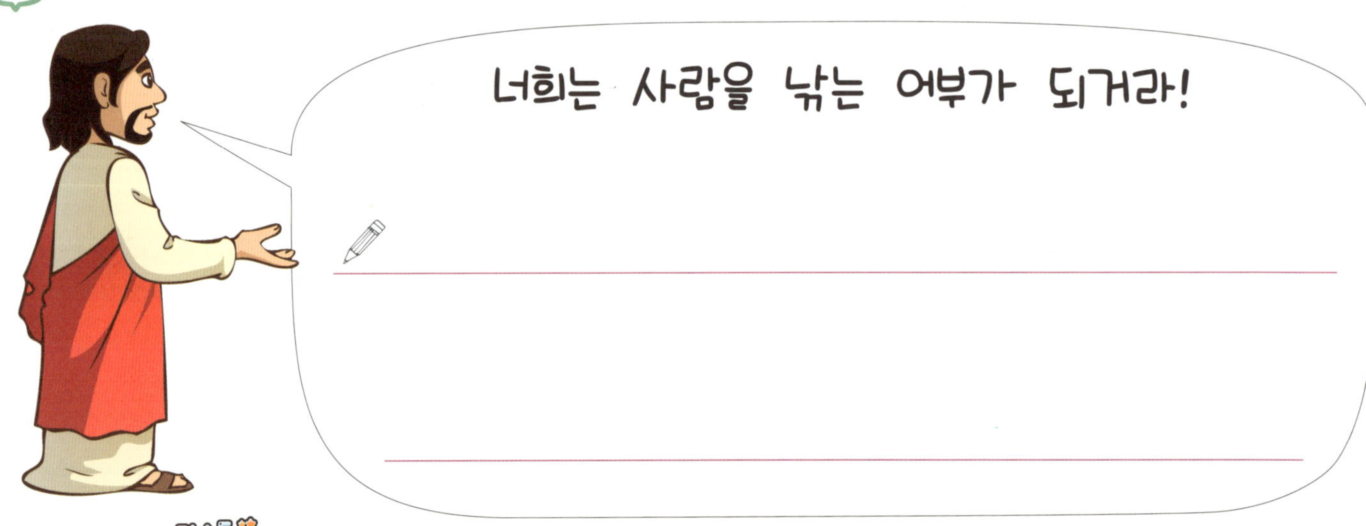

1 그물에 걸린 말씀을 순서대로 점선을 연결하여 말씀그물을 완성해보세요.

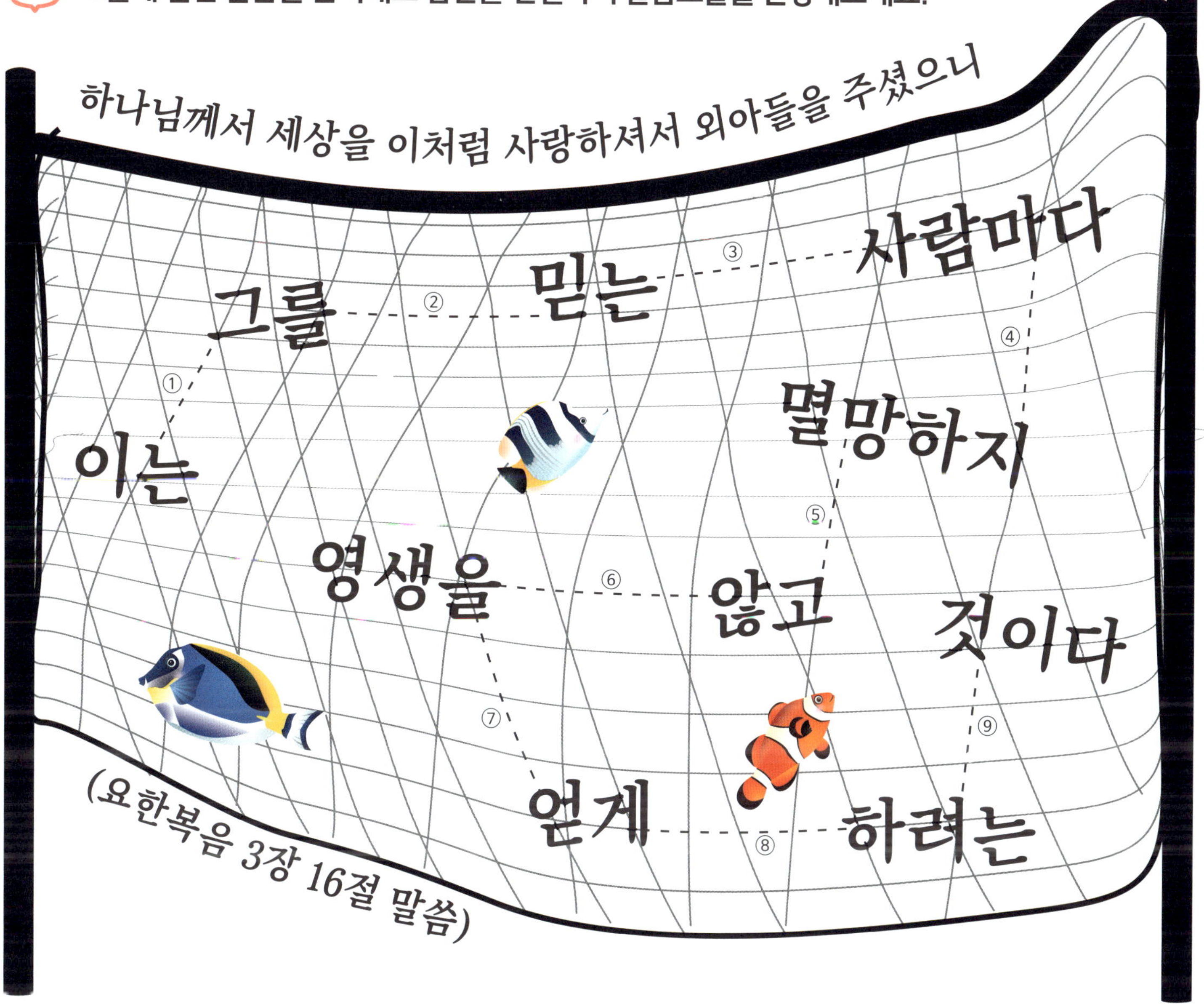

하나님께서 세상을 이처럼 사랑하셔서 외아들을 주셨으니

이는 ① 그를 ② 믿는 ③ 사람마다 ④ 멸망하지 ⑤ 않고 ⑥ 영생을 ⑦ 얻게 ⑧ 하려는 ⑨ 것이다

(요한복음 3장 16절 말씀)

1. "예수님이 나를 제자로 부르셨습니다." 라고 고백 해 보세요.
2. 오늘 집에 돌아가서 "예수님을 모르는 가족에게 예수님 믿으세요."라고 말해 주세요.

저를 제자로 불러주신 예수님, 저도 제 친구들에게 하나님의 사랑을 전하는 사람이 되게 해 주세요. 예수님의 이름으로 기도합니다. 아멘.

11과 영원한 생명을 약속하신 예수님

소 주 제 : 사마리아 여인과 약속
본문말씀 : 요한복음 4장 14절(전체말씀 : 요한복음 4장 3절~30절)
중심구절 : 그러나 내가 주는 물을 마시는 사람은 영원히 목마르지 않을 것이다. 내가 주는 물은 그 사람 안에서 계속 솟아올라 영생에 이르게 하는 샘물이 될 것이다.

단어 풀이 영생 영원히 사는 것. 예수를 믿고 하나님의 거룩한 뜻을 알아 그 가르침을 행하여 천국에서 영원히 사는 것

1 우물가에서 만난 예수님과 사마리아 여인을 스티커로 붙여보세요.

2 여인이 우물가에서 기른 물과 예수님이 주는 물을 찾아서 줄을 그어 연결해보세요.

1 예수님은 자신이 누구라고 말씀하셨는지 맞는 것에 O표 해보세요.

물장수

그리스도, 메시아

지나가는 사람

2 빈칸에 알맞은 답을 적어 보세요.

1. 예수님은 갈릴리로 가는 길에 ☐☐라는 동네에 들어가셨어요.
2. 예수님은 우물가에서 만난 ☐☐☐☐ 여인에게 물을 달라고 하셨어요.
3. 예수님은 사마리아 여인에게 영원한 ☐☐☐ ☐을 주시겠다고 약속하셨어요.
4. 예수님은 자신이 여인이 기다리고 있던 ☐☐☐라고 말씀하셨어요.
5. 예수님이 메시아라는 것을 알게 된 여인은 마을로 돌아가 예수님을 ☐☐☐☐.

정답 1. 수가 2. 사마리아 3. 생명의 물 4. 메시아 5. 알렸어요

3 예수님이 여인에게 한 말을 따라 쓰거나 따라서 읽어보세요.

내가 영원한 생명의 물을 주겠다.

1 영원히 목마르지 않을 예수님 주시는 생명의 물을 색칠해 보세요.

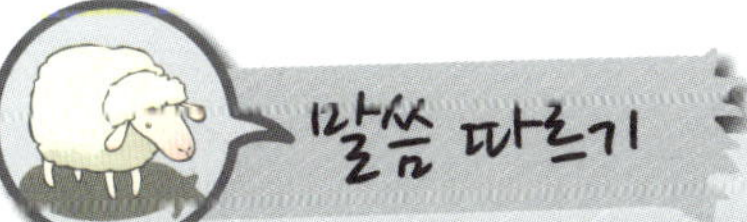

1. 예수님이 나에게 주신 것이 무엇인지 한 명씩 돌아가면서 말해보세요.
2. 위에서 말한 것들을 하루에 한 개 씩 정해서 일주일동안 감사기도 드려요.

기도하기

예수님 저의 모든 것을 아시고 저에게 생명을 주신 메시아라는 것을 알려주셔서 감사합니다. 예수님의 이름으로 기도합니다. 아멘.

12과 부활을 약속하신 예수님

소 주 제 : 부활과 약속
본문말씀 : 요한복음 11장 25절~26절(전체말씀 : 요한복음 11장 1절~44절)
중심구절 : 예수께서 마르다에게 말씀하셨습니다. "나는 부활이요, 생명이니 나를 믿는 사람은 죽어도 살겠고 살아서 나를 믿는 사람은 영원히 죽지 않을 것이다. 네가 이것을 믿느냐?"

단어 풀이 부활 죽은 후에 다시 살아남. 힘과 세력 따위가 약해져 전보다 못한 상태로 되거나 없어진 것이 다시 손상되지 않고 처음 그대로 일어남

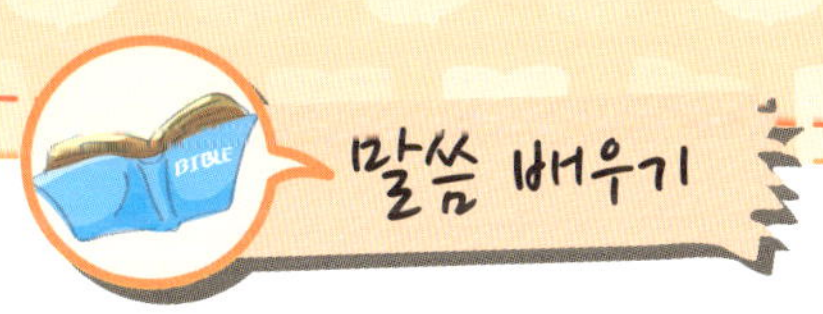

1 다시 살아난 나사로와 예수님을 스티커로 붙여주세요.

2 예수님은 자신이 무엇이라고 말씀하셨는지 선으로 연결하고 따라 써보세요.

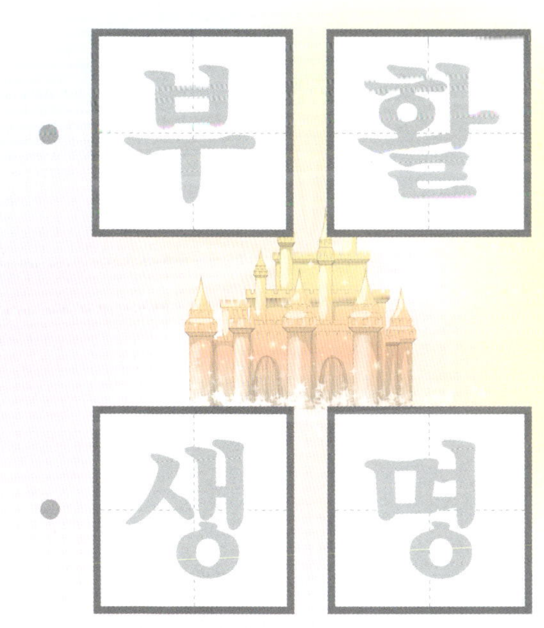

1 무덤 앞에서 예수님이 죽은 나사로의 이름을 부르시자 어떻게 되었는지 O표 해보세요.

천둥번개가 쳤어요

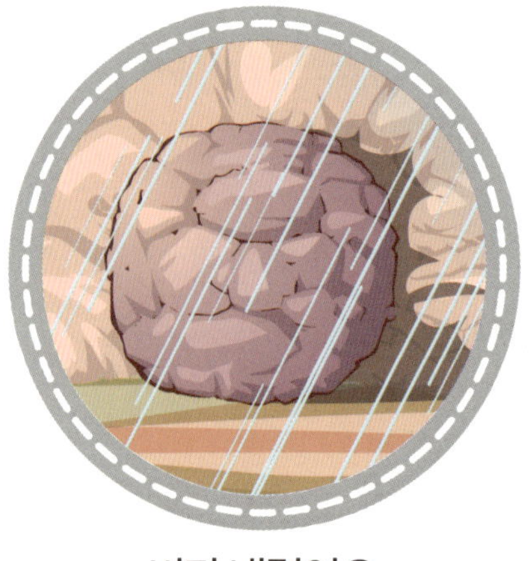
비가 내렸어요

나사로가 다시 살아났어요

2 빈칸에 알맞은 답을 적어 보세요.

1. 마리아와 마르다의 오빠 나사로가 죽고 ☐ 일이 되었을 때 예수님께서 그곳에 도착하셨어요.
2. 예수님은 자신이 ☐☐ 이요 생명이라고 말씀하셨어요.
3. 예수님은 나사로가 묻힌 ☐☐ 으로 가서 무덤의 돌을 옮기라고 말씀하셨어요.
4. 예수님은 죽은 나사로에게 나오라고 말하자 죽었던 나사로가 ☐☐☐☐☐.
5. 죽었다 살아난 나사로를 보고 많은 사람들이 ☐☐☐ 을 믿게 되었어요.

정답 1. 4 2. 부활 3. 무덤 4. 살아났어요 5. 예수님

3 예수님이 마르다에게 한 말씀을 쓰거나 따라 읽어보세요.

나는 부활이요 생명이다.

활동하기

1 다시 살아난 나사로의 몸을 휴지나 색종이를 붙여서 표현해 주세요.

말씀 따르기

1. "예수님 나를 살려주셔서 감사합니다." 라고 고백해보세요.
2. 내가 받은 영원한 생명과 부활의 축복을 누구에게 전하고 싶은지 생각해보고 전해보세요.

기도하기

예수님을 통해서 제가 영원한 생명을 받은 것을 믿고 감사합니다. 제가 죽음을 두려워하지 않고 예수님을 더 사랑하게 해 주세요. 예수님의 이름으로 기도합니다. 아멘.